混声合唱のための

八重山・宮古の
三つの島唄

松下　耕＝作曲

カワイ出版

混声合唱のための
八重山・宮古の三つの島唄

　私のライフワークのひとつである、『日本固有の音素材の合唱音楽への投影』というテーマで
作曲された、一連の作品中の一つに位置づけられるこの組曲は、千葉県の『佐倉混声合唱団』の
委嘱を受け、1997年2月に脱稿したものである。初演は、同年4月に、粟飯原栄子さんの指
揮、同合唱団の演奏により初演された。

　沖縄の島々の中でも最南端に位置する八重山群島（石垣島、西表島、竹富島、小浜島など）、
宮古諸島（宮古島、伊良部島、下地島）は、うた（民謡）と踊り（舞踊）の宝庫であり、また、祭
りの盛んな土地柄でもある。そんな、『音楽と踊り』の数々より4曲の民謡を選び、3曲の組曲
にしたのがこの作品である。以下、各曲の簡単な解説を記す。

　《夜と昼の子守歌》八重山群島石垣島地方に伝わる2つの子守歌をまとめた。『月ぬ美しゃ』
は夜の子守歌と呼ばれ、2曲めの『昼の子守歌』と区別されているものである。『月ぬ美しゃ』は、
「月の美しいのは十三夜、乙女のかわいらしいのは十七歳」という意味を持つ。これは、本土の
各地に流布する「お月様いくつ十三七つ」と同じ発想の歌詩であり、「十三七つ」の原意を示す
ものかと思われる。一方、『昼の子守歌』は、「坊やの名前は何とつけたの。おじいさんの名を
もらって＜松金＞とつけた…」という内容である。これら2つの子守歌の原曲は、素朴ながら得
も言われ美しい色彩を持っており、不思議なことに『月ぬ…』は夜の静寂の、『昼の…』は太
陽の輝きを髣髴とさせる趣を持っているから面白い。その趣を私なりの表現でデコレートした。

　《狩俣ぬくいちゃ》宮古諸島の祭り歌。くいちゃ（クイチャー）とは、声をあわせて歌うとい
う意味があり、集団舞踊を伴って、民衆の生活の場で歌われている、叙事的な内容を歌った民
謡である。狩俣とは村の名で、狩俣村をほめた内容となっている。この曲の原旋律そのものの
持つ躍動感、絶妙のタイミングで挿入される変拍子、歌の拍子とポリリズムをなす手拍子など、
この曲には独特の魅力が詰まっている。

　《安里屋ユンタ》八重山群島の歌。ユンタとは、アヨーやジラバとともに、八重山民謡の中
で叙事的な内容を歌ったもののことを言う。この安里屋ユンタは、八重山群島の一つ、竹富島
の安里屋（農家の屋号）のクヤマという娘と、彼女に求婚する島役人のいざこざを叙述した、横
暴をきわめていた役人を揶揄した民謡である。しかしこの曲の旋律はどこまでも透明で美しく、
今までにも音楽のジャンルを超えて多くのスタイルに編曲されている。私は、音が3次元的に
膨張していく様をこの曲で表現したかった。

　生活習慣が変化し、民謡が失われつつある昨今、誰もが味わうことのでき、楽しめる合唱の
領域で、民謡を芸術作品として、言わば『動態保存』してゆくことが、我々日本人の作曲に携
わるものに課せられた使命のように思っている。これからも私は、積極的に日本の伝統音楽と
関わってゆきたい。

　最後に、感動的な初演をしてくださった佐倉混声合唱団の皆さんと、指揮の粟飯原栄子さん
に、初演時、暖かいお言葉で私を激励してくださった、荒牧亀太郎先生、そして出版に際しお
世話になった、カワイ出版の早川由章さんに、心から感謝を申し上げる次第である。

1998年2月

松下　耕

Three Insular Songs of Yaeyama and Miyako Islands, for Mixed Chorus

This suite is composed in the theme "Projection of Japanese peculiar sound materials to choral music" which is one of my life-works, and was completed in February 1997 at the request of Sakura Mixed Voice Choir in Chiba Prefecture. The first public performance was given by them in April of the same year conducted by Eiko AIHARA.

Yaeyama Islands (Ishigaki, Iriomote, Taketomi, Kohama Islands) and Miyako Islands (Miyako, Irabu, Shimoji Islands) are really a treasure house of folk songs and folk dances, and maintain festivals of good locality as well. This music is a suite of 3 pieces made out of 4 folk songs chosen from such "Music and Dances". Let me describe each song below.

〈**Lullaby of Night and Day**〉 puts together 2 cradle songs that came down in Ishigaki Island of Yaeyama archipelago. 〈Moon is beautiful〉 is called the night lullaby and sings that the moon is beautiful in the 13th night and a girl is pretty in her 17 of age. This shares an same idea with, and perhaps forms an original meaning of a song spread in various parts of the mainland Japan that sings "How old is the moon？ She is 13 and 7". On the other hand 〈Lullaby of Day〉 sings "What is the boy named？ He is named Matsungane after his grandfather's name." Interesting enough, the first one has an elegance of nightly silence and the latter has an charm on the day's solar brightness. I decorated these charms in my own expressions.

〈**Kuicha of Karimata**〉 is a festival song of Miyako Islands. Kuicha means a mass singing and Karimata is the name of a village. It describes the village life, and praises the beauty of Karimata village. Lively move of the original melody, very timely change of rhythms, and hand clapping that forms a poly-rhythm, give unique charms to this music.

〈**Asadoya Yunta**〉 is a song from Yaeyama Islands. Yunta is a series of descriptive folk songs in Yaeyama. This song tells a story about a girl named Kuyama, a daughter of a farmer called Asadoya in Taketomi Island and her troubles with island officials who proposed her to many, and makes fun of the oppressive attitude of officials. But the melody is transparently clear and beautiful so that this song had been arranged into many styles beyond musical genre. I intended to express the sound expansion in 3 dimensions in this music.

Now that our life styles are changing and ancient folk songs are being pushed away, I feel it is our mission as Japanese composers to give "dynamic preservation" to those folk songs by artistically arranging them into choral pieces which everybody can enjoy and appreciate. I would like to keep engaging positively in this field.

February, 1998

Ko MATSUSHITA

Three Insular Songs of Yaeyama and Miyako Islands

1. Lullaby of Night and Day (Moon is beautiful & Lullaby of Day)

It is the 13th night that the moon is beautiful.
It is in 17 of age that a girl is pretty.
When full moon rises from east,
Light up Okinawa and Yaeyama Islands
Let silky and golden flowers bloom on the
temple's verandah.

What it the boy named ?
He is named Matsungane after his
grandfather's name.
Named Matsungane.
What is the girl named ?
She is named Bunarumui after her
grandmother's name.
Named Bunarumui.

2. Kuicha (Chorus) of Karimata Village

Karimata is a small island (village)
Nevertheless,
Like the moon of 14th and 15th day
It goes up beautifully, and it rises beautifully.
Karimata village, we play and dance.
Our friends play and dance.

3. Asadoya Yunta (song)

A daughter of Asadoya named Kuyama
was born very beautiful.
⟨ lovely, lovely girl ⟩

She was pretty since her childhood
She was pretty since she was born.
⟨ lovely, lovely girl ⟩

The village chief fell in love with her,
and another official fell in love with her
⟨ lovely, lovely girl ⟩

But she hates to be a mistress of the
village chief.
She hates another official, also.
⟨ lovely, lovely girl ⟩

Why do you say no ?
What is the reason for that ?
⟨ lovely, lovely girl ⟩

Because I think of the future
Because I worry about my future.
⟨ lovely, lovely girl ⟩

Translated by Tetsuro SAWAI

混声合唱合唱のための
八重山・宮古の三つの島唄

（演奏時間）

夜と昼の子守歌 (Lullaby of Night and Day) .... (ca. 5' 15") 6

狩俣ぬくいちゃ (Chorus of KARIMATA Village) .... (ca. 4' 10") 16

安里屋ユンタ (Asadoya Song) .... (ca. 4' 15") 29

詩 35

●全曲の演奏時間（初演時）＝約 13 分 40 秒

佐倉混声合唱団委嘱作品	Composed by the request of SAKURA Mixed Chorus
初演データ：	First Public Performance :
佐倉混声合唱団第 8 回演奏会	SAKURA Mixed Chorus, 8th Regular Concert
1997 年 4 月 27 日（日）	April 27（Sunday）, 1997
千葉県・佐倉市民音楽ホール	Sakura Civic Music Hall
合唱：佐倉混声合唱団	Chorus :　SAKURA Mixed Chorus
指揮：粟飯原栄子	Director :　Eiko AIHARA

皆様へのお願い

楽譜や歌詞・音楽書などの出版物を権利者に無断で複製（コピー）することは、著作権の侵害（私的利用など特別な場合を除く）にあたり、著作権法により罰せられます。また、出版物からの不法コピーが行われますと、出版社は正常な出版活動が困難となり、ついには皆様方が必要とされるものも出版できなくなります。
音楽出版社と日本音楽著作権協会（JASRAC）は、著作者の権利を守り、なおいっそう優れた作品の出版普及に全力をあげて努力してまいります。どうか不法コピーの防止に、皆様方のご協力をお願い申しあげます。

　　　　　　　　　　　　　　　　　　　　　　　　　　　　カワイ出版
　　　　　　　　　　　　　　　　　　　　　　　　　一般社団法人　日本音楽著作権協会

本書よりの転載は固くお断りします。

携帯サイトはこちら▶

出版情報＆ショッピング　**カワイ出版ONLINE**　http://editionkawai.jp

夜と昼の子守歌 [月ぬ美しゃ〜昼の子守歌]
Yoru to Hiru no Komori-uta Tsukinu Kaisha 〜 Hiruno Komoriuta
Lullaby of Night and Day Moon is beautiful Lullaby of Day

松下 耕 作曲
Ko MATSUSHITA

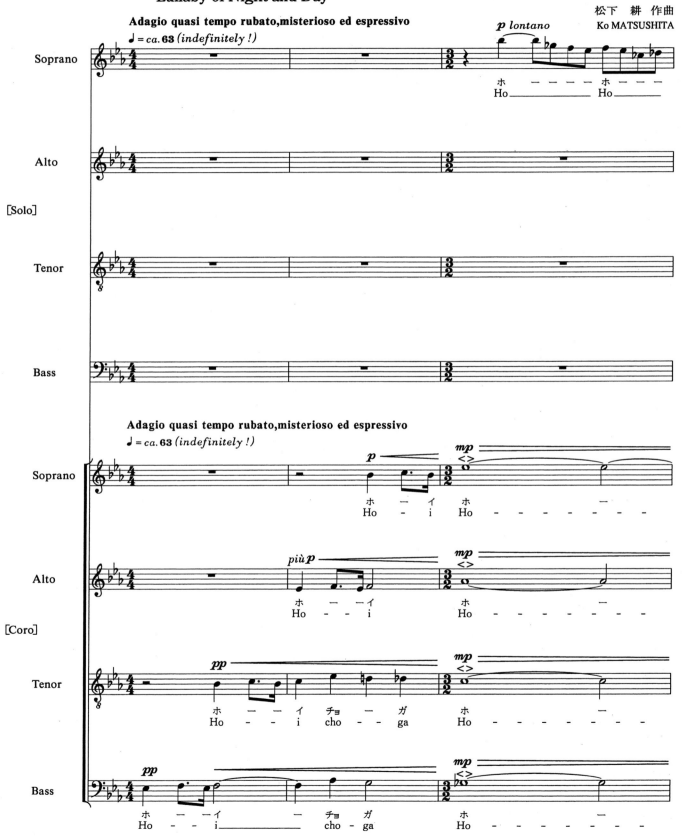

10

狩俣ぬくいちゃ
Karimatanu Kuicha
Chorus of KARIMATA Village

松下 耕 作曲
Ko MATSUSHITA

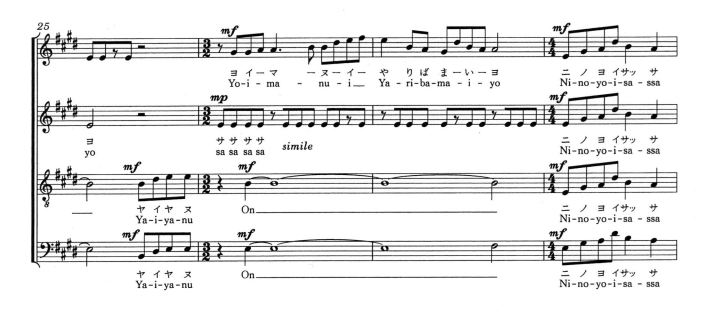

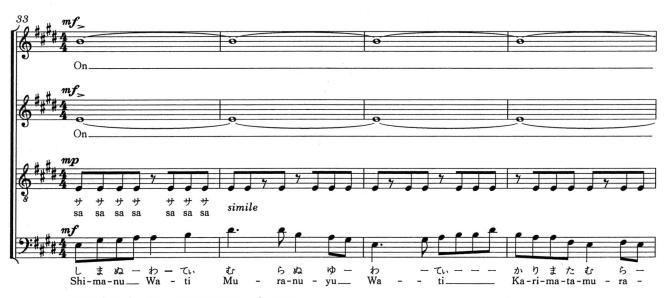

記号の説明 ↑＝なるべく高音でかけ声。 ↓＝足ぶみ
Remarks of symbols ↑ = shout in high voice ↓ = kick the floor

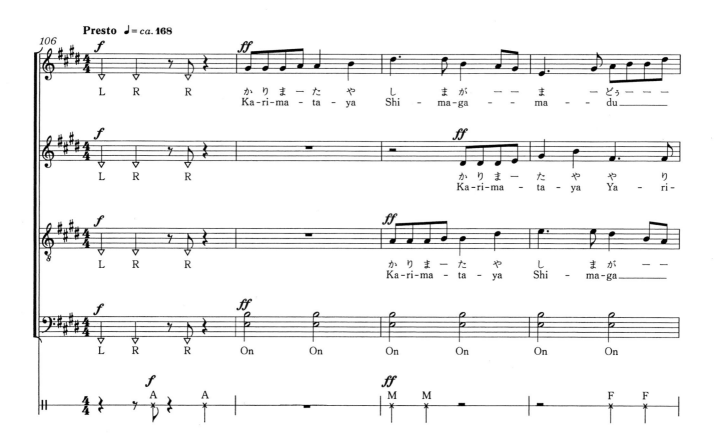

28

八重山・宮古の三つの島唄
夜と昼の子守歌《月ぬ美しゃ〜昼の子守歌》

月ぬ美しゃ　十日三日　　　　　　　　　月の美しいのは十日三日（十三夜）
女童美しゃ　十七つ　　　　　　　　　　女童の美しいのは十七つ（十七歳）
東から上おる　大月ぬ夜　　　　　　　　東から上がっておいでになる大月の夜
沖縄ん八重山ん　照らしょーり　　　　　沖縄も八重山も照らしてください。
寺ぬ大札んが　綿花黄金花　咲りょーり　寺の縁側に絹のように美しい花、黄金の花を
　　　　　　　　　　　　　　　　　　　　　　　　　咲かせてください。
ホイチョガー

こねまぬ名や　のーでぃどぅたぼれる　　坊やの名前は何とつけたの
うしゅまいぬ名ぬ　松金たぼれる　　　　おじいさんの名をもらって松金と
　　　　　　　　　　　　　　　　　　　　　　　　つけてもらいました。
スッツァラ　スッツァラ
松金たぼられ　　　　　　　　　　　　　松金とつけた。
ホイヤ　ホイヤ　ホーヨ
ぴさまぬ名や　のーでぃどぅたぼれる　　お嬢さんの名前は何とつけたの
んめー名ぬ　ぶなるむいたぼれる　　　　おばあさんの名をもらって「ぶなるむい」と
　　　　　　　　　　　　　　　　　　　　　　　　つけてもらいました。
スッツァラ　スッツァラ
ぶなるむいたぼられ　　　　　　　　　　「ぶなるむい」とつけた。
ホイヤ　ホイヤ　ホーヨ

狩俣ぬくいちゃ

狩俣や　村がまどぅ　　　　　　　　　　狩俣は小さな村
やりばまいヨ　ヤイヤヌ　　　　　　　　であっても
ヨイマーヌイ　ニノヨイサッサ
コラサッサ　ヒヤサッサ
島ぬ上手　村ぬゆ上手　　　　　　　　　島の上の方　村の上の方
狩俣村ヨ　ヤイヤヌ　　　　　　　　　　狩俣村よ
十日四日ぬ　十五日ぬ　　　　　　　　　十四日の　十五日の
御月ぬ如んヨ　ヤイヤヌ　　　　　　　　お月様のように
上ず美　昇ず美　　　　　　　　　　　　美しい上りの　美しい昇りの
狩俣村ヨ　ヤイヤヌ　　　　　　　　　　狩俣村よ
我達がきゅーぬ　友達がきゅーぬ　　　　私たちが　友達が　今日
ゆりゃまずやヨ　ヤイヤヌ　　　　　　　寄り集まって
遊ばでてぃーど　踊らでてぃーど　　　　遊ぼうよ　踊ろうよ
ゆりゃうたずヨ　ヤイヤヌ　　　　　　　集まったんだよ

安里屋ユンタ
あさどやー

※安里屋（農家の屋号）

サー　安里屋ぬ　くやまにヨ	安里屋のクヤマという娘は
サーユイユイ	
あん美らさ生りばしヨ	あんなに美しい生まれをして
マタハーリヌ　チィンダラカヌシャマヨ	（いとしい　いとしい乙女よ）
サー　いみしゃからあふぁり生りばし	幼い時から美しい生まれであり
サーユイユイ	
くゆさから白るさしぃでぃばし	小さい時から美しく孵（うまれ）た。
マタハーリヌ　チィンダラカヌシャマヨ	（いとしい　いとしい乙女よ）
サー　目差主ぬ　乞よたらヨ	村長の目差役人にみそめられ
サーユイユイ	
あたりょやぬ望みょたヨ	他の役人にも所望された。
マタハーリヌ　チィンダラカヌシャマヨ	（いとしい　いとしい乙女よ）
サー　目差主や　ばなんぱヨ	「目差役人のめかけはいやだ
サーユイユイ	
あたりょややーくれゆむヨ	他の役人もきらいだ。」
マタハーリヌ　チィンダラカヌシャマヨ	（いとしい　いとしい乙女よ）
サー　なゆでから　んばですヨ	何故に　いやという
サーユイユイ	
如何でからゆむですヨ	いかなる理由できらいなのか
マタハーリヌ　チィンダラカヌシャマヨ	（いとしい　いとしい乙女よ）
サー　後ぬくとぅ　思いどぅヨ	後々のことを　思うからです
サーユイユイ	
すらぬ為考やどぅヨ	将来のことを　考えるからです
マタハーリヌ　チィンダラカヌシャマヨ	（いとしい　いとしい乙女よ）

※表記、発音については現地でも差異があります。
※一部作曲上の変更があります。

混声合唱のための　**八重山・宮古の三つの島唄**　　松下　耕 作曲

- 発行所＝カワイ出版（株式会社 全音楽譜出版社 カワイ出版部）
  〒161-0034 東京都新宿区上落合2-13-3　TEL 03-3227-6286／FAX 03-3227-6296
  出版情報 http://editionkawai.jp
- 楽譜浄書＝クラフトーン　●印刷・製本＝平河工業社
- © 1998 by edition KAWAI. Assigned 2017 to Zen-On Music Co., Ltd.
- 楽譜・音楽書等出版物を複写・複製することは法律により禁止されております。落丁・乱丁本はお取り替え致します。
- 本書のデザインや仕様は予告なく変更される場合がございます。

ISBN978-4-7609-1158-5

1998年5月1日　第 1 刷発行
2025年4月1日　第47刷発行